U0009071

改變世界 的金融

楊紅櫻

著

馬小跳一家人

馬小跳

一個有情有義、有擔當的小小男子漢，想像力十足，最可貴的是，他有著一雙善於發現問題根源的眼睛，以及一顆求知慾旺盛的好奇心。

馬天笑

馬小跳的爸爸，知名的玩具設計師，從未忘記自己是怎麼長大的……。因此當馬小跳遇到煩惱時，他總能為兒子排憂解難。

丁蕊

馬小跳的媽媽，富有時尚精神的櫥窗設計師，擅長傾聽孩子的心聲，是一個即使活到 80 歲也會像個小女孩一樣天真的美麗女人。

毛超

馬小跳的好朋友，雖然十句話裡有九句都是廢話，但因為親和力超強，所以是馬小跳身邊的「首席外交官」。

張達

馬小跳的好朋友，表達能力略遜，但因為有著一雙飛毛腿，行動力超強，所以成為馬小跳身邊的「首席執行官」。

唐飛

馬小跳的好朋友，見多識廣，遇事沉著冷靜，是馬小跳身邊的智多星。

路曼曼

馬小跳的同學，因為剛好坐在馬小跳旁邊，所以她最大的嗜好就是管馬小跳，也因此，她和馬小跳幾乎每天都會爆發「戰爭」。

夏林果

馬小跳心中的女神，從小學習跳芭蕾舞，是聞名全校的「芭蕾公主」。

目錄

4

小朋友們，你聽說過「金融」這個名詞嗎？

什麼是金融？

金融是如何影響我們的生活的呢？

為什麼我們要學習金融學呢？

在我們今天的時代，交通發達，生活便利，我們住在有供應水電瓦斯、乾淨整潔的大樓裡，外出可以選擇坐汽車、高鐵、飛機，買東西可以去百貨公司，也可以網路訂購，甚至在肚子餓時，拿起手機就可以點外賣……。

可你知道在這些生活中的衣食住行背後，都有一個看不見的朋友正在無時無刻地援助我們嗎？

它就像空氣，看不見摸不著，我們甚至意識不到它的存在，但卻不能沒有它。

當你有了弟弟或者妹妹，爸爸媽媽決定要幫家人換更大的房子，你們要申請銀行

貸款，這個朋友在；過年時領紅包，你收到了好多壓歲錢，你開心地讓爸爸媽媽幫你把錢存到銀行裡，這個朋友在；當假期來臨，爸爸媽媽要帶你去國外旅行，你們要去兌換一些外幣，這個朋友在；媽媽每年都要交一筆保險費，說等你長大了就可以拿到一大筆錢，在你需要時可以用，這個朋友在；你一直想要那個最豪華的超級大樂高，爸爸投資股票小賺了一筆，終於滿足了你的願望，幫你買下來，這個朋友也在……。

　　我們生活中，還有很多時刻都離不開這個「朋友」，小到每個人的日常生活，大到整個社會的正常運轉和未來發展，包括我們人類之所以能夠發展到今天如此便捷的資訊化社會，都和這個朋友息息相關。

　　而這個朋友是誰呢？

　　它就是金融。

1. 貨幣的旅行

　　金融是什麼呢？你可能聽說過，卻又說不清它到底是什麼？

　　從字面上看，「金」俗稱金子，是人類很早就開始使用的一種金屬。後來很長一段時間它被人們當成貨幣，主要在買賣交易時使用。如今，仍有很多國家的政府要儲備大量黃金，作為金融資產。

　　「融」，本義是固體受熱變軟，比如融化，進而引申為流通。所以，「金融」最直觀的意思就是：貨幣資金的融通。

　　說得更白話一些就是，貨幣從一個地方到另外一個地方去。貨幣是天生的旅行家，它從誕生那一刻起就在不斷地流動。而我們知道貨幣並不是天生就有的，

它是人類智慧的創造，也是社會發展的結果。

社會透過分工和以物易物催生了貨幣。

貨幣幫助人們有效完成商品交換的目的。在交換的過程中，商品和貨幣分別從一方手中到達另一方手中。貨幣既完成了一次流通，同時也實現了商品交換。

所以貨幣流通的前提是商品流通，貨幣的旅行是沿著商品流通的路線進行。也就是說，只要你有買賣商品的需求，就離不開貨幣。

我們每天的生活都離不開貨幣，爸爸媽媽每天給你買菜做飯，給你買衣服、書本、玩具，每個月交房貸、水電費、你的學費，假期帶你出去旅行……每一筆交易都伴隨著貨幣的旅行。但是你可能會感到奇怪：為什麼我沒有看到這些貨幣的流通過程呢？那是因為現

在的你可能很少有機會能看到貨幣，貨幣的形態和人們的交易方式，開始出現很大的變化。

就拿日常生活來說，我們越來越少使用紙幣，更多的時候改為採用信用卡、手機 App 支付等新型支付方式來消費。我們的貨幣有了新的形態，從有形的紙幣變成無形的數據。

但是無論形態上如何變化，貨幣的流通作用始終沒變。

貨幣的流通是由商品的流通引起的，在人們擁有了私有財產，並進行商品交換時，貨幣就開始了它的旅行。比如，農民伯伯辛苦勞動後，把收穫的糧食拿到市場上去販賣，換回貨幣；之後他又拿著賣糧食獲得的貨幣去買肉和衣服，貨幣就到了肉鋪和服裝店；肉鋪老闆的孩子上學要交學費，於是貨幣又來到了學校；服裝店去服裝廠進貨，貨幣又到了服裝廠；學校獲得的收入一部分用於校園建設，貨幣就到了建材廠；服裝廠和建材廠拿一部分收入給工人發工資，一部分收入向國家納稅；工人把一部分工資存入

銀行，一部分工資用於消費，就這樣，貨幣來到了銀行和商店。

而最早開始使用貨幣的那個農民伯伯，為了購買自動收割機向銀行貸款，貨幣就又從銀行回到了農民伯伯手裡⋯⋯。

機智問答

卡爾‧馬克思：卡爾‧馬克思是馬克思主義的創始人之一，也是馬克思主義政黨的締造者之一。他是全世界無產階級和勞動人民的革命導師，是無產階級的精神領袖。他的主要著作有《資本論》。

「商品流通直接賦予貨幣的運動形式，就是貨幣不斷地離開起點，就是貨幣從一個商品所有者手裡，轉到另一個商品所有者手裡，或者說，就是貨幣流通。」

　　我在此只是舉了一個簡單的例子，讓大家明白，其實在實際生活中，貨幣的旅行路線，可說無處不在。

　　貨幣主要沿著兩條路線旅行。一條是投放管道，也就是國家向市場上投放貨幣的管道。比如你的爸爸媽媽會收到公司發放的薪水、勞務費用等；一些政府部門需要採購各種農副產品、手工業產品等；一些公司要支付員工出差的差旅費，支付企業經營過程中的辦公費等；國家會定期給農民伯伯發放一些助農貸款，向貧困地區發放生活補貼等。通過這些管道，貨幣就從公司或者政府部門流向市場，流動到了人民手中。

　　貨幣的另外一條旅行路線是回籠管道，就是國家從市場上收回貨幣的過程。比如商業公司向人們出售商品，老百姓有購買商品的需要；國家的稅務部門會向公司和個人徵稅，公司和工人有納稅的義務；自來水廠、電力公司等提供自來水、電等資源，我們需要向提供了這些服務的國家機構付錢；還有就是你的爸爸媽媽會把錢存到銀行裡，或者以購買國庫券等方式進行投資。這些收入最終都會流入國家銀行，實現貨幣回籠。

正是通過這兩條路線，國家可以調節貨幣在市場上的流通量，藉以適應商品流通的實際需求。

貨幣流通是貨幣的基本職能之一，貨幣只有流動起來才能真正地發揮作用，貨幣的流通對我們的生活和社會經濟的繁榮意義重大。

跟大家分享一個有趣的故事，故事內容將非常具體地說明瞭貨幣流通的重要性。

有一天，某個人走進一家旅館，拿出一張百元鈔票放在櫃檯，說想先看看房型如何。而就在客人上樓看房時，旅館老闆拿起這張鈔票，跑到隔壁肉鋪那裡先去支付了自己欠的肉錢。肉鋪大哥收到錢，立刻去對面養豬場付清了自己買豬的錢。養豬場的主人收到錢，立刻去飼料店付清了自己欠的飼料錢。賣飼料的人收到錢，趕忙去酒吧付清了自己欠的酒錢。酒吧的老闆娘收到這一百元錢，又趕忙去旅館付了自己欠的房費。這時，旅館老闆趕忙把這百元大鈔放回到櫃檯上，以免客人看完房間下樓時起疑。

結果，客人下樓後對老闆表示這幾個房型他都不滿意，順手就拿回原本擺在櫃臺上的百元大鈔， 離開

旅館。

　　你看，這幾個店鋪的老闆沒有任何額外支出，客人的 100 元也還是那 100 元，只是錢在不同的地方轉了一個圈兒，店鋪老闆間的債務就都還清了。

這個故事雖然有點誇張，但卻非常清楚地讓我們看到了貨幣流動後所產生的影響。

　　貨幣除了會在一個國家的內部不停旅行，它還會跑到其他的國家去看看。因為商品交換或者說商品流通，也會發生在不同國家之間。比如有的國家缺少石油卻又無法進行石油開採，那麼就需要從石油輸出國購買石油。由此形成了國與國之間的買賣，也就是國際貿易。

　　而在國際貿易的過程中，不同國家使用的貨幣大多都不一樣，於是就出現了一個問題：買賣貨物時，要採用哪種貨幣來付錢呢？除了國際貿易，我們還會去其他國家旅行， 當我們去國外旅行時需要在國外消費，我們又該使用哪種貨幣呢？

　　其實，只是要遵循一定的規則，不同國家的貨幣是可以相互兌換的。那麼它們是如何相互兌換的呢？這就需要下面給你介紹的匯率來幫忙了。

2. 如何兌換不同國家的貨幣？
認識匯率

　　每個國家都有自己的貨幣，大多數國家的貨幣都不一樣。當不同國家的人們之間買賣東西時，就需要進行貨幣兌換。

　　比如假期來臨，爸爸媽媽要帶你出國旅行，就要把新台幣兌換成在你們旅遊的目的地流通的貨幣，否則你們就沒辦法在當地消費，因為人們一般都只接受自己國家的貨幣。

　　世界各國的貨幣看起來都不太一樣，你認識哪些國家的貨幣呢？

　　世界上的貨幣有上百種，目前有一個眾所周知的衡量標準是美元指數，該指數由六種貨幣組成：五種主要貨幣分別為 歐元、日圓、英鎊、加拿大元和瑞士

法郎以及瑞典克朗。在國際貨幣基金組織特別提款權一籃子貨幣中有五大貨幣，也就是我們以下列出的五種貨幣，它們是國際交易中最具代表意義的貨幣。

其實一籃子貨幣裡的這五種貨幣卻不是世界上最值錢的貨幣，目前世界上最值錢的貨幣是科威特第納爾（Dinar）：1 科威特第納爾約合新台幣 100 塊錢。

瑞士法郎可能是世界上最具文藝氣息的貨幣了，這種貨幣是少有的可以從垂直角度欣賞的貨幣，貨幣上印的則是音樂家、舞蹈家、雕塑家和詩人這類藝術工作者的頭像。

還有的國家使用耐用、防水塑膠作為貨幣的製作

機智問答

一籃子貨幣：英文名是（currency basket）又稱貨幣組合、一籃通貨，是各國貨幣的組合，是由多種貨幣按一定比重所構成的一組貨幣，這個組合好比一個盛放各種貨幣的「籃子」。

材料，比如澳大利亞、紐西蘭、羅馬尼亞等國家完全採用塑鈔作為流通貨幣。我國在西元 2000 年也發行過面額 100 元的塑膠紀念鈔，藉以迎接新世紀的到來。

既然各國的貨幣大多都不一樣，人們在進行物品買賣交易時，就經常需要將不同的貨幣進行兌換。匯率就是兩種貨幣之間的兌換比率，即把一種貨幣換成另外一種貨幣的折算比率。匯率也用來表示一國貨幣對另一國貨幣的價格。

在世界各地，人們在很多場合都會把貨幣兌換的比率展示出來，方便人們進行不同貨幣間的換算。你注意過在哪些地方能看到關於貨幣兌換的資訊嗎？

你可能首先會想到銀行。對，沒錯。

除了銀行，我們在機場、車站、碼頭、酒店、商場等人員流量大、發生貨幣交易的地方，有時候會看到「牌告匯率」。這個即時匯率的公告就是幫助人們進行貨幣換算的有效工具。通過這個公告，我們就能知道某一國貨幣當日當時能夠兌換多少外國貨幣。

你可能會感到奇怪，為什麼同樣是 100 英鎊，竟然可以兌換到不同數額的錢？其實仔細看一下，你就

會發現箇中差別，一個是「現金匯率」，一個是「即期匯率」。現匯指的是通過轉帳的形式，匯入到對方銀行帳戶中的外國貨幣。現鈔指的具體的、實在的貨幣，也就是紙幣、硬幣。

目前台灣的銀行的匯率牌告，會有四種價位，分別是「現金買入」、「即期買入」、「即期賣出」和「現金賣出」，其中銀行牌告中的「買入」、「賣」匯率皆是以銀行角度來看。而「現金匯率」就是兌換成貨幣現金、現鈔的價格。而「即期匯率」是兌換成貨幣存款（存摺）或旅行支票的價格。基本上現金匯率的價格會比較貴一點，那是因為現匯作為帳面上的錢，它的轉移只需進行帳面上的劃撥就可以。而現鈔在國與國之間的運輸、保管等都需要一定的費用，總之就是銀行必須預留保管外幣的成本。

目前，線上兌換可以互道的金額遠比在銀行櫃檯兌換多一些。這是因為，銀行在型買入現匯時，比之現鈔，可以節省一定的現金保管和海外調運費用，故其買入的價格更低。

在一個國家，政府對外匯的收、支、存、兌要進

行相應的管理。有的國家實行的是完全可兌換制度，人們可以自由進行本國貨幣和外幣的兌換；有的國家則實施嚴格的外匯管制，外匯需要政府統一安排使用，個人不能自由兌換。那麼匯率又是由什麼決定的呢？為什麼有些國家的貨幣就比其他國家的貨幣更值錢？匯率為什麼總在變化呢？

首先，不同國家的貨幣在本國內都能流通，用於購買商品，它們都具有一定的購買力，具有一國的對內價值，而這個價值在不同國家之間是可以橫向比較的，這是不同貨幣之間可以兌換的基礎。

人們需要外國貨幣，是要用外國貨幣購買外國的商品，所以兩種貨幣的匯率和兩國的物價水準有關。比如許多小朋友都喜歡的漢堡，在台灣一個大概定價 100 元，而在美國大概需要 3 美元。這說明兩國物價水準不同，貨幣的購買力也不同，由此造成的數位間的差異就形成了匯率。

其次，外匯本身也是一種商品。在外匯市場上，人們會對外匯進行買賣。作為商品就會有供需關係，「供」指的是市場上有多少商品供應，「需」指的是

市場上有多少人對這種商品有購買需求，供需關係就是商品供應與購買需求之間的關係，它會影響市場上商品的價格。

而外匯價格同樣會受到供求關係的影響。

當一種貨幣在外匯市場上，與其他貨幣相比時處於「供不應求」的狀態時，它就會升值；相反，當一種貨幣在外匯市場上，相較於其他貨幣處於「供過於求」的狀態時，它就會貶值。這說明人們對某種貨幣的需求越大，它的價值就會越高。

此外，除了外匯本身的買賣，一個國家商品的進出口也會影響外匯價格。

比如 A 國出產的香蕉口感佳，相當受到國際市場的歡迎，大家都想去 A 國買香蕉。這時就需要大量 A 國的貨幣……，而 A 國的貨幣供不應求，所以 A 國貨幣的價值就會水漲船高。

最後，匯率能夠隨著外匯市場的供求變化發生變化，這是因為目前世界上大多數國家都採用了浮動匯率制度（floating exchange rate），即各國政府對匯率波動不干預、不限制，任其隨市場供求關係的變化

而漲跌，只在必要時進行一些適當調節。

　　浮動匯率制度開始於 20 世紀 70 年代，在此之前，從第二次世界大戰後開始，國際上一直採用固定匯率制度。1944 年 7 月 1 日，44 個國家的代表在美國新罕布夏州布列敦森林華盛頓山賓館召開了聯合國國際貨幣金融會議，後稱「布列敦森林會議」（Bretton Woods Conference），正式名稱為「聯合國貨幣金融會議」（United Nations Monetary and Financial Conference），會議通過了《聯合國貨幣金融協議最後決議書》、《國際貨幣基金組織協定》和《國際復興開發銀行協定》兩個附件，總稱《布列敦森林協定》。協議中規定 1 盎司黃金等於 35 美元，其他國家的貨幣按照其含金量與美元保持固定匯率，各國中央銀行可以向美國兌換黃金。

　　在這種制度下，美元與黃金直接掛鉤，其他國家的貨幣與美元掛鉤，與美元進行固定的比價。這是因為美國在二戰後經濟發展迅速，實力躍居世界第一。

　　這就是以美元為中心的布列敦森林制度。這一體系維持到 1971 年，隨著西歐、日本等國家經濟崛起，

美元霸主地位開始衰落，美元貶值，美國宣佈停止美元和黃金的兌換，也就是美元與黃金脫鉤。以美元為中心的布列敦森林制度崩潰，世界各國開始採用浮動匯率制度。

　　匯率制度和貨幣體系的變化，反映著世界經濟格局的變動，雖然目前美元依然是世界各國貨幣匯率浮動的基準，但世界經濟發展和貨幣的流通已然越來越多元化。

3. 貨幣＝信用？
現代金融的出現……

　　小朋友們，你們在語文課上應該都學過「信用」這個專有名詞吧？這個名詞的意思是誠實守信，這裡指的是一種道德規範。而在經濟學裡，「信用」這個名詞專門用來指借和貸的關係。

　　如今我們經常聽到的信用卡的「信用」，就是這個意思。

　　雖然信用卡是最近幾十年才在我們的生活中出現的產物，但「信用」的歷史卻已是非常悠久的，甚至和貨幣一樣古老。

　　且讓我們再次回到以物易物的年代，我來跟大家講一個與實物借貸有關的故事。

　　假如你是一個以狩獵為生的獵人，經常用打來的

獵物和別的小夥伴交換食物。

　　有一次你出門狩獵，不幸受了重傷。這下子糟糕了，你無法出門打獵，沒有獵物就要挨餓，那該怎麼辦？

　　幸好你有一個聰明的腦瓜，想到了一個解決辦法。你找到一個靠捕魚為生的朋友，向他借了 1 桶魚，條件是等你的傷勢復原，你日後捕獵到的獵物會多分給他一倍。

　　以前你用 5 隻獵物換 1 桶魚，這次雪中送炭的朋友先借給你 1 桶魚，未來某個時候，你再還給他多一倍的獵物，也就是 10 隻獵物。

　　這樣一來，你和朋友之間就發生了借貸關係。你是借方，朋友是貸方。而朋友之所以會借給你 1 桶魚，是因為他相信你的人品，相信你痊癒之後肯定會捕獲很多獵物並且送他，絕不會食言，他就能多得到 5 隻獵物了。

　　信用就是指這種借貸行為，是以收回為條件的付出，或以歸還為義務的取得；而且貸者之所以貸出，是因為有權取得利息，借者之所以可能借入，是因為承擔了支付利息的義務。從上面的故事中來看，獵人的朋友多得到的 5 隻獵物就是利息。

　　事實上，早在春秋時期，就已出現了賒貸業。當時的賒帳業主要發生在農業領域。《管子·問》記載：「問邑之貧人，債而食者幾何家？」、「問人之貸粟米有別券者幾何家？」意思是說：「調查邑內的窮人，依靠借貸度日的有多少家？調查貸出糧食的，握有借券的，有多少家？」也就是說，國家在莊稼青黃不接、百姓吃不上飯時，要貸給貧困的農民衣食錢財，使其能從事正常的生產活動，等到夏收、秋收之後，農民有了收成，再把本錢和利息一起還給國家。

而在西方，也可從早期的法典中找尋到有關於債務問題的規定。西元前 18 世紀，古巴比倫國王漢摩拉比編制的《漢摩拉比法典》中便有規定，貸穀的利息是本金的三 1 / 3，貸銀是 1 / 5；借者如果沒有穀物和銀子歸還，就要用其他財產來抵扣。

　　信用和貨幣一樣，都是基於社會分工和私有財產的出現而產生的。在漫長的歷史時期，它們就像兩兄弟一樣，有著共同的來源，既是們親密相伴，卻又各自獨立發展。

　　貨幣則是像金幣、銀幣這樣的實物金屬鑄幣。以信用活動為基礎，信用也發展了貨幣信用，也就是人們開始借貸貨幣，而不僅僅是借貸實物。隨著商品經濟的發展和社會分工的完善，貨幣借貸逐漸成為主要的信用形式，遠比實物借貸更為方便。

　　而在貨幣不斷發展的過程中，因為金屬鑄幣重量大、流通不便，故而漸漸地又被紙幣取代，紙幣應運而生。紙幣本身並無價值，實際上是一種信用憑證，這時候信用和貨幣就同為一體了。

　　我們在第一本《貨幣的起源》中講過，中國是世

界上最早使用紙幣的國家。北宋初年，四川一帶使用鐵錢，但鐵錢的重量非常重，1,000 個大鐵錢便已重達25公斤左右。人們帶著這麼重的錢幣去採買實在費力，故而錢幣的流通，始終不便。

於是，開始有商人開設店鋪，專門替攜帶大量錢財的商人保管現錢，收取一定的保管費，並把商人存款的數額填寫在一張紙上，這張紙實際上就是一種存款憑證。存款人可以拿著這張紙，在其他同類店鋪兌換相應數額的錢。這張存款憑證便是「交子」，也就是最初的紙幣。

再後來，商人們發現即使店鋪裡沒有與存款憑證等額的存款，也可以發行這種紙質憑證，因為人們並不會在同一個時間取走全部的存款，店鋪裡只要有一部分存款能夠供給流通所需即可。隨著商品交易市場的規範化發展，「交子」成為具有信用貨幣性質的真正的紙幣。

而紙質憑證就是具有信用貨幣性質的「紙幣」。

後來在西方，人們也發現了這個秘密。隨著資本主義經濟在西歐的發展，現代銀行出現了，銀行家們

開始發行一種承諾能夠隨時兌換金銀鑄幣的銀行券，之後銀行券慢慢代替了金屬鑄幣。

第一次世界大戰之後，金屬鑄幣消失，銀行券不再兌換金銀，而是完全建立在信用的基礎上。信用擴張則貨幣變多，信用緊縮則貨幣減少。發展至此，信用與貨幣不再分離，現代意義的金融也就出現了。

貨幣好像具備一種魔法，以一種無窮的力量，推動著經濟的發展。

現代經濟可說就是一種信用經濟，因借貸產生的債權債務關係無所不在，遍佈經濟生活的各個角落。

比如一般人的銀行存款，實際上是我們借給銀行的，銀行彙集很多的個人存款，將這些錢的一部分用於發放貸款，借給需要資金的個人或企業。

我們消費時使用信用卡，就是向銀行借錢提前消費。企業經常要申請銀行貸款用於生產經營，也是向銀行借錢。國家發行債券，就是向投資者借錢。

無所不在的債權債務關係，必然伴隨著貨幣的收支。不論是個人、企業還是國家政府，當貨幣收入大於支出，這就是盈餘，而貨幣支出大於收入，就是赤字。

國家借貸是一種國家信用，其實在古代就有。

傳說東周時，周赧王欠了許多債卻還不起，債主來向他要債時，他逃到一個高臺上去躲債。後來人們就把這個台叫「債台」，而「債台高築」這個成語就是這麼來的。

銀行的存款、貸款業務是銀行信用；企業與企業之間做生意，有商業信用；個人基於消費習慣，有消費信用；國與國之間發生借貸關係，

是國際信用。

信用有守信和失信兩方面，借貸雙方依照約定兌現承諾是守信，但有時因個人主觀原因或不可抗力因素，也會出現不兌現承諾的失信行為。比如，向國家借了貸款的農民運氣不好，辛苦耕種卻遇到了天災，莊稼顆粒無收，農民自然就無法償還約定的糧食，這就叫作貸款逾期不還，屬於失信行為的一種。

失信的後果非常嚴重，會造成長期累積形成的信任關係因而破裂，並且很難修復。為防止失信行為帶來的後果，後來人們建立起一套制度來約束信用行為，包括建立企業資信調查、消費者個人信用調查系統等。

比如銀行的徵信系統會把企業和個人的失信行為

機智問答

財政赤字：政府的貨幣收支一般就是財政收支，財政赤字就是支出大於收入。盈餘和赤字的普遍存在就需要通過信用來調節。

記錄下來，建立企業信用資訊基礎資料庫、個人信用資訊基礎資料庫，隨時供人調查。俗話說「有借有還，再借不難」，就是了。而個人或企業一旦失信，信譽會因此失去保證，以後恐怕就很難再進行借貸了。

你不妨問問爸爸媽媽，如果他們使用信用卡消費後，卻未按照約定還款日及時付款，那會有什麼後果？

4. 金融大家族裡的成員
認識金融服務機構

我們從小就知道，爸爸媽媽買東西要用錢，錢花完了可以去銀行提取，銀行的自動取款機就像故事書裡的聚寶盆，總會源源不斷地吐出鈔票來。

銀行確實就像一個聚寶盆，錢可以不斷流出，但它更像一個蓄水池，因為只有不斷地送錢進去，才會有錢不斷流出。

　　實際上，銀行是一個中繼站，連接了貨幣存入和貸出的兩個埠，像這樣從事金融仲介活動的中繼站，在金融學中也叫金融服務機構。

　　在整個金融行業，像銀行這樣的金融仲介還有很多，它們是信用關係中，借者與貸者之間的橋樑：從貸者那裡借入錢，再把錢貸給借者。

　　這些金融服務機構除了銀行以外，像是證券公司、保險公司、養老基金等非銀行金融服務機構等都是，它們共同組成了一個金融大家庭。而依照相關法規，台灣的金融機構主要分為以下幾種類型：

　　1.銀行業：商業銀行、專業銀行、信託投資公司三者屬銀行法法定之狹義的銀行，信用合作社、農會信用部、漁會信用部、票券金融公司、信用卡等機構則屬廣義的銀行。

　　2.證券及期貨業：包括證券商、證券金融公司、期貨商、交易所等。

　　3.保險業：包括保險公司（人壽保險，產物保險，保經）、保險合作社等。

　　4.其他：包括中央銀行、金融控股公司、郵局（中

華郵政公司）、中央存款保險公司、儲蓄互助社等。

　　此外，還可依法人登記地點分為以下三種類型：分別是：在中華民國境內登記設置的「本國金融機構」；在中華民國以外登記設置的「外國金融機構」，比如香港與澳門的金融機構歸於此類；以及在中國大陸登記設置的「陸商金融機構」，但並未包括中國大陸的外商金融機構。主要是因為兩岸目前情勢特殊，陸商與陸資金融機構在臺灣地區的業務，依舊需要有法律規範。目前主要是依照《兩岸人民關係條例》與《兩岸金融往來辦法》規範來施行。

　　銀行業務我不多作說明，倒是保險類機構因為是屬性特殊的金融服務機構，我再為大家說明一下。簡單來說，這就是商業保險公司，專門經營保險或再保險業務的專業性金融機構。大家應該都聽過「保險」這個專有名詞吧？問問你的爸爸媽媽，他們是不是為你購買了至少一種保險？

　　我們不妨來瞭解一下保險的發展史。

　　保險最初來源於海上借貸，所以在根源上保險和金融是一家。我們都知道，在海上航行的風險是很高

的，可能一場暴風雨襲來，商船就報廢了。如今我們的科技這麼發達，都不能保證海上航行萬無一失，在科技不那麼發達的古代，海上航行的風險自然更高了。因此在西元前 9 世紀，位於地中海的羅德島，那時的國王為了鼓勵大家進行海上貿易，故而把商人承擔的風險降低，為此制定了《海商法》。

這項法律規定，如果某位貨主遭受損失，比如他的貨船在海上沉沒了，那麼這份損失將由包括船主、所有該船貨物的貨主在內的全部受益人共同分擔。這樣一來，每個人蒙受的損失就能被控制在一個範圍內，大家因此都覺得值得冒險試試，也就更願意進行海上

貿易了。

到了中世紀，義大利出現了冒險借貸，其利息類似於今天的保險費。

1384 年，出現世界上第一張保險單—比薩保單，標誌著近現代保險制度的誕生。

現代的保險就是我們和保險公司簽訂合同，定期向保險公司支付保險費，一旦發生合同約定的可能發生的事故，就由保險公司來賠償我們的損失。

比如，媽媽給你買了一種健康醫療保險，每年支付保險公司 1 萬元保險費，合約規定如果你生病了，保險公司會支付一部分醫療費用作為賠償金。有一次，你因為急性支氣管炎住院三天，這期間花費了一些治療費用，保險公司按照合約規定支付你 2 萬元理賠金。

那麼保險公司賠付你的錢是從哪兒來的呢？

保險公司有許多的客戶，也就是有許多人根據自身需要購買了各種各樣的保險。

保險公司將購買保險的人的錢集中起來，這就類似銀行存款，比如你的 1 萬元保險費用，就是保險公司的「收入」來源之一。保險公司會把這些彙集起來

的錢進行分配，一般是三個用途：

一部分用於出險之後的賠償，比如你生病時，保險公司賠付給你的 2 萬元。

一部分用於維持保險公司自身的營運，比如房租、水電費、員工薪水等。

一部分用於各項金融投資，藉以賺取更多的資本錢。

　　個人透過購買保險，將意外事故的損失交給大家共同分攤，提高了個人抵禦風險的能力，保險是社會保障制度的重要組成部分。

　　還有一些金融服務機構，比如資產管理公司、信託公司、金融租賃公司、小額貸款公司等，分別在不同領域為人們提供金融仲介服務，它們統稱為「其他類機構」。

　　金融服務機構除了在一國之內提供金融服務，在

國際上還有一些世界性的金融服務機構，為國際貿易和國際金融的發展提供支援。

最早的國際金融機構是 1930 年在瑞士成立的國際結算銀行（Bank for International Settlements，BIS）。第二次世界大戰之後布列敦森林制度形成，幾個重要的全球性國際金融機構成立，包括國際貨幣基金組織、世界銀行等。

國際貨幣基金組織是聯合國的一個專門機構，主要職責是監察貨幣匯率和各國貿易情況，提供技術和資金協助，確保全球金融制度運作正常。國際貨幣基金組織的重大問題通過投票表決，各成員國投票權的

哇，這就是世界銀行嗎？

多少取決於所認繳的基金份額。國際貨幣基金組織於
1969 年又創設了「特別提款權」來作為國際流通手段
的一個補充。各成員國認繳多少基金份額，就享有國
際貨幣基金組織相應數量外匯的特別提款權，作為各
成員國的儲備資產。

　　世界銀行（World Bank，WB）是與國際貨幣基
金組織同時組建的國際金融機構，是世界銀行集團的
五個機構之一，是聯合國的一個專門機構。它按照股
份公司的原則運營，宗旨是向成員國提供貸款，幫助
他們進行投資，以及促進國際貿易長期均衡發展等。

機智問答

　　特別提款權：英文名為（Special Drawing
Rights，SDR）指的是 IMF 在 1969 年創設的補
充性國際儲備資產，原本是用來支撐佈雷頓森林
（Bretton Woods）體系的固定匯率制度，雖然國
際金融秩序後來轉變為浮動匯率制度，但 SDR 仍
是重要的國際支付手段，用於補充國際貨幣基金
組織成員國官方儲備的國際儲備資產。

5. 為什麼要把錢存在銀行？

　　我們都知道，把錢存進銀行可以獲得利息，錢會變更多，今天多數人都選擇把錢存在銀行裡，並且通過銀行可以辦理許多個人業務，為生活帶來便利。

　　你生活中接觸過銀行嗎？

　　可能你覺得有些陌生，因為你的年齡還太小，還不能自己去銀行辦理業務。那你能想到與銀行相關的事情嗎？

　　比如，每個月的發薪日，爸爸媽媽的薪水不再需要直接領現金，而是公司會計部會直接把薪水匯到員工的個人銀行帳戶裡，爸爸媽媽能從手機銀行或自動提款機上查詢收款金額。他們出門買東西時也不需要帶著現金，而是可以直接從銀行帳戶裡劃款，甚至使

用手機支付⋯⋯。

　　帳戶裡的幾個數字變動而已。

　　但在古代，沒有現代意義上的銀行，有人把家裡
多餘的錢掛在屋樑上，有人則把錢放在罐子裡埋到地
下，存錢方法可說五花八門，可是這些方法都不方便
也不安全，錢容易被偷走。

　　那能夠存錢的銀行是怎麼來的呢？

　　存在銀行裡的錢就安全嗎？

　　我們存在銀行的錢，被銀行拿去做什麼了？

　　銀行在經濟運行中起到什麼作用呢？

　　你有沒有這些疑問呢？那麼這些問題就是我們接

下來要學習和瞭解的，一起來看看吧。

首先，銀行是怎麼來的？

在古代的東、西方，在銀行出現之前都曾有各種專門幫人鑒定、保管和兌換貨幣的商鋪，統稱為銀錢業。通過保管、兌換貨幣，這些商鋪手裡集中了大量貨幣。

一開始，商鋪只向存款人收取保管費，並不向存款人支付利息。後來，存入商鋪的錢越來越多，商鋪主人開始把錢借給其他需要資金的人，也就是發放貸款，業者則從中收取借款人的利息，然後他們再透過向存款人支付利息，吸引更多的存款進場，以便能夠募集更多資本來發放貸款。商鋪靠上述這兩個利息之間的差價就能獲利。這時，古老的銀錢業已開始具備現代銀行的特點，逐漸向現代銀行轉變了。

西方最早的商業銀行

在歐洲，最早的銀行出現於 13 世紀義大利的威尼斯，這是歷史上最早以「銀行」命名的信用機構。英語中的「銀行」（bank）一詞就源於義大利語 Banca

或者 Banco，意思是長凳和桌子。因為最早的一批銀行家在市場上交易時，就坐在門口的長板凳上，他們也被稱為「坐長板凳的人」。後來英語把這個詞轉化為 bank，意思是存放錢的櫃子。

1694 年，為籌措戰爭軍費，由私人創立的英格蘭銀行（Bank of England）獲得國王特許，以股份制的形式為政府融資。英格蘭銀行的成立，標誌著現代銀行制度的建立。

東方最早的商業銀行

在中國的唐朝時期，蘇州就有「金銀行」出現，也就是專門進行金銀交易的場所，並且集中分佈在一個街區。明朝中葉形成了具有銀行性質的錢莊，到清代出現了票號。

中國最早出現的新式銀行是 1845 年，由英國人在香港和廣州開設的「麗如銀行」。中國第一家自辦的銀行是「中國通商銀行」，成立於 1897 年，是近代中國民族銀行業零的突破，也是中國現代銀行業開始的標誌。中國最早的官辦銀行是 1905 年清政府創辦的

「大清戶部銀行」，1908 年改稱「大清銀行」。1911年辛亥革命後，該銀行改組為「中國銀行」。後來隨著民族工商業的發展，一批由私人獨資興辦的民族資本銀行陸續出現。

　　而隨著銀行的出現和發展，人們儲存金錢的方式慢慢發生改變，越來越多的人把手裡的餘錢放到銀行去。直到今日，技術進步又使人們存取、使用金錢的方式發生天翻地覆的變化。

　　以前，我們要拿著紙幣到銀行存錢， 銀行會給我們一個存摺，上面記錄著每次存取款的明細，還有利息收入。現在我們不用每次都去銀行，在手機銀行上就可以進行轉帳、存取款等操作。我們的錢是帳戶裡的數字，金錢的收入和支出就是帳戶上數字的增減。這就是技術進步帶來的金融創新。

20 世紀 60、70 年代以來，以電腦為核心的現代資訊技術迅速發展，推動了金融業的創新發展。進入 21 世紀，特別是 2012 年之後，網路開始快速發展，又催生出數位金融。如今，金融卡代替了存摺，自動提款機大幅便利了銀行業務辦理，電話銀行、網路銀行、手機銀行、協力廠商支付平臺等相繼出現，金融交易突破了時間和空間的限制，日常的支付、結算等越來越便利，人們存錢、用錢和籌錢的方式發生了巨大變化。

雖然網路改變了我們用錢的方式，但傳統的銀行依然是金融機構的主體。我們生活中接觸最多的銀行，就是那些我們一般人存款、貸款的銀行，一般稱為叫商業銀行。

銀行的主要任務之一就是吸收存款。我們把錢存到銀行，實際上是把錢借給了銀行，所以銀行就是背負了債務，我們是銀行的債權人，簡單說，我們就是銀行的債主。

銀行把大家的存款集中起來，作為它的重要資金來源，除此以外，它還可以向中央銀行、同業的其他

銀行、國際貨幣市場借款，它們都是銀行的債權人。所以，吸收存款也叫銀行的負債業務。

　　銀行存款分不同的類型，傳統的存款類型主要有以下三種：活期存款、定期存款、儲蓄存款。活期存款這種方式不受時間限制，錢的流動性很強，方便人們交易和支付，一般用於日常花銷。

活期存款	定期存款	儲蓄存款
隨時可以存取，利息比較低，靈活度高。	必須在約定時間以後才能存取，利息比較高。	只針對個人開辦的存款業務，與「單位存款」相對。

　　我們可以將手裡用於日常開銷的錢存在活期帳戶裡，隨時取用。比如，爸爸媽媽平時給你的零用錢，你可以存進活期帳戶，這樣就能以備不時之需了。

　　定期存款需要等到確定時間到期了才能提領，一般可以存三個月、六個月、一年、兩年、三年、五年不等。不同的存期利息不同，存期越長利息越高。定期存款到期之前不可支取，如果提前取出，利息要按

照活期存款計算。定期存款到期，可以一次性把本金和利息都取出來，也可以按照原來約定的存期自動轉存，在下一個存期到期時再取出。

如果你有錢短期內用不上，就可以存定期，能獲得更高的利息收入。比如，你的紅包壓歲錢，一般來說金額都比較大，放在存錢筒擱個幾年就可以彙整成一筆錢來存定期。1 萬元存一年，台灣的銀行利息大概可以有 180 元，你的錢一下子就變多了，終於可以買到心儀的玩具啦。

最後一種儲蓄存款是銀行針對個人開辦的存款業務。個人儲蓄是銀行資金的重要來源，在我國，儲蓄存款占全部存款的 40 ～ 60%。

除了存錢，我們還會因為貸款和銀行打交道。貸款，也就是我們向銀行借錢。與負債業務相對，發放貸款屬於銀行的資產業務。

銀行將資金聚集起來，除了保留的一部分現金和存到中央銀行（我們很快就會講到中央銀行）的存款以外，剩下的錢就會用以發放貸款、貼現、證券投資等。通過這些資產業務，銀行能夠從中獲取利潤，實

現盈利。

我們剛才提到的貸款，指銀行按一定利率把錢貸給需要用錢的單位或個人，並約定歸還期限，從而收取利息。

根據貸款期限的長短，貸款一般分為短期貸款、中期貸款和長期貸款。而根據貸款擔保方式的不同，貸款分為抵押貸款和信用貸款。抵押貸款是指有抵押品的貸款，就是借款人將房產等資產抵押給銀行，一旦發生無法還款的情況，銀行會將抵押品收走。信用貸款則不需抵押品，只根據借款人的信用來申請貸款。

根據貸款還款方式的不同，貸款還分為一次性償還的貸款和分期償還的貸款。

而貸款物件的不同，貸款還可以分為工商業貸款、農業貸款、消費者貸款。

我們生活中在哪些時候、哪些情況下會需要貸款呢？

我們家裡買房子向銀行申請的貸款一般就是分期償還的抵押貸款。比如，家裡本來是一家三口人，爸爸媽媽和你，住約 30 坪的兩房剛剛好。後來媽媽生了

工作還房貸

小弟弟，等弟弟長大一點，需要有自己的房間了，家裡空間就顯得有點不夠住了。這時，爸爸媽媽為了讓你和弟弟生活得更舒適，一咬牙買了一個三房的新屋，一共要花 3 千萬元。但賣了舊房子，再加上平時的積蓄，他們手上只有 500 萬元，還差 2,500 萬元怎麼辦呢？這時，銀行的貸款業務就派上用場了，爸爸媽媽向銀行借錢也就辦貸款，房款就算是湊齊了，你們一家人住進了寬敞的大房子。之後，爸爸媽媽按照和銀行的約定，每個月都要還給銀行一筆錢，這筆錢除了銀行借給你們的部分以外，還有一定比例的利息。

一般來說，借款時間越長，利息就會越高。

除了貸款，銀行還有一種資產業務叫「貼現」。

什麼是貼現？我來舉一個類似的情況。

比如，馬小跳的學校在兒童節舉辦校園跳蚤市場，同學們紛紛把自己多餘的物品拿出來賣。馬小跳看上

了唐飛的一個玩具，要付 10 元，可是他的零用錢剛好都花光光了，根本拿不出 10 塊錢，怎麼辦呢？聰明的馬小跳想起好朋友夏林果剛好欠自己 10 塊錢。於是馬小跳在紙上寫了一個說明，簽上自己的名字，讓夏林果見到這張紙就把 10 元錢付給唐飛。

這種行為就類似於「貼現」，馬小跳簽名的紙就

機智問答

什麼是「抵押」？「抵押」，英語是 Mortgage，通常指住房抵押貸款，實際上是一種購房或購物的貸款方式，以所購房屋或物品為抵押向銀行借款，然後分期償還。

在買房時，房價的一定比例由購房者以現款支付，稱為「頭期款」，其餘部分用銀行的長期貸款支付，購房者按月分期償還，稱為「房貸」。購房者取得房屋的產權，同時將房產抵押給銀行，如果不能按時支付「房貸」，則銀行有權處理被抵押的房產，比如將房產進行拍賣以補償銀行貸款的損失。

相當於商業票據。

　　「貼現」指商業承兌票據的持票人在票據到期之前，為了取得資金，貼付一定利息將票據權利轉讓給銀行的票據行為。持票人拿著票據去銀行，由銀行付錢給持票人，持票人付給銀行利息。實際上這是持票人向銀行融通資金的一種方式，是一種間接貸款，銀行可以獲得利息收入。

　　銀行還可以通過證券投資來賺錢，但為了保持金

融系統的穩定性，一般銀行投資都受到一定限制，只能進行風險低的公債和國庫券等投資。我國的商業銀行不能從事境內信託投資和股票業務。除了存貸款這樣的資產、負債業務，銀行還會 明客戶做一些其他的事情，不佔用銀行的資金，比如匯款、代客買賣，辦理信用證、信託、金融卡等，銀行通過提供這些服務也能夠賺一些錢。

　　商業銀行本質上也是企業，是經營金融業務的企業， 所以賺取利潤也是銀行的目標。商業銀行通過吸收存款、發放貸款，將社會閒置的資金聚集起來，調配到需要資金進行生產經營的各行各業， 推動了社會生產的發展，讓閒置的錢動起來，從而創造出更多的社會財富。

6. 銀行的銀行
中央銀行

　　我們把錢存到銀行，是因為相信銀行在我們需要用錢時，一定可以連本帶息把錢還給我們。

　　但是，如果銀行失信了呢？

　　既然銀行也是要賺錢的企業，那也就會有賺不到錢的時候，賺不到錢就無法維持經營，那會發生什麼事情呢？

　　我們的錢還拿得回來嗎？

　　如何確保我們存進銀行的錢是安全的？

　　我們知道，銀行最初是從古老的銀錢業發展而來的。金匠鋪就是銀行的雛形。有錢的人把金幣存在金匠鋪，金匠給存錢的人一張收據，上面註明存了多少錢。存錢的人拿著收據就可以兌換金幣。但是人們覺

得隨身攜帶大量金幣非常不方便，就開始用存取金幣的收據進行交易，需要用錢的時候再拿著收據到金匠那裡兌換相應的金幣。

後來，人們覺得總去金匠那裡存取金幣也很麻煩，於是乾脆就一直使用收據做交易，一紙收據取代金幣成為流通的貨幣。金匠鋪此時已經具有了銀行的模式和特點，逐漸發展為銀行，而給存款人的收據，被稱為銀行券。

再後來，銀行家們發現存錢的人不會一起來兌換金幣，每天都只有一小部分人來取金幣。於是他們就悄悄地多發了一些收據，給那些來借錢的人，向他們收取利息。等借錢的人還清了欠款，銀行家們回收了這部分收據，然後悄悄地銷毀。

銀行家們因此能賺更多的錢，發行的銀行券越多賺得越多。

但這樣銀行裡的金幣和發行的銀行券在總額上並不對等，銀行券比金幣多。想想看，這樣會發生什麼？

如果有一天，所有存錢的人都同時來銀行兌換金幣，銀行該怎麼辦？對，銀行沒有辦法，他們沒有足

夠的金幣兌換給存錢的人，就失去信用，今後將不會再有人過來存金幣，銀行將會面臨破產倒閉的風險。

有什麼辦法能幫助這些銀行呢？

對了，如果這時候有人能給這些銀行足夠的金幣，讓人們都能把自己存的金幣兌換回去，銀行的危機就解除了。銀行恢復信用，人們會再相信它，繼續在這些銀行裡存放金幣。

什麼樣的人能擁有這麼多的金幣，又願意拿自己的金幣去支援那些瀕臨倒閉的銀行呢？

歷史上就有這樣一家銀行，它幫助了那些因為擠兌而快要破產的銀行。隨後，世界上相繼出現了很多這樣的銀行，它們都能夠為商業銀行提供緊急情況下的 明。這些銀行就叫「中央銀行」，而世界上的第一家中央銀行就是英國的英格蘭銀行。 成立於 1694 年的英格蘭銀行，最初是為了幫助國王籌集戰爭經費的，因此獲得了很大的政府特權。後來的兩百年間，英格

機智問答

　　擠兌：英文翻譯為 run on banks，從字面意思和正文中講的知識就可以理解，大概意思是所有存錢的人都同時來銀行兌換金幣。

　　擠兌是銀行業的專業術語，指在銀行券流通的條件下，銀行券持有者爭相到發行銀行券的銀行要求兌現貴金屬貨幣的現象。當一家銀行的信用發生動搖，準備金不足，銀行券兌現發生困難，就會發生擠兌。擠兌可能使一家銀行倒閉，甚至波及整個銀行業。現在一般是指存款戶集中地大量地到銀行提取現鈔。

蘭銀行的影響力不斷擴大。它從一家私人銀行變為世界上的第一家中央銀行，開創了中央銀行制度。

英格蘭銀行成立後，就開始發行可兌換的銀行券。到了 19 世紀，英國有超過 200 家銀行發行銀行券，但其發行數量和信用都比不上有政府支持的英格蘭銀行。後來，19 世紀的英國發生多次金融危機，幾乎都是靠英格蘭銀行支援方才挽救了局勢。

得到英格蘭銀行資金支持的銀行都渡過了難關，免於破產的命運。那些得不到救助的小銀行則紛紛破產，英格蘭銀行最後壟斷了銀行券的發行權，銀行券

代替了金幣流通，這實際上就是後來西方的紙幣。

英格蘭銀行順勢成為英國唯一擁有貨幣發行權的銀行。

除了壟斷貨幣發行權，英格蘭銀行與政府的關係日漸緊密，它給政府貸款，為政府處理稅收，承擔起代理國庫的職能。

許多商業銀行也在英格蘭銀行開設帳戶，把一部分現金存入英格蘭銀行，以應對可能出現的擠兌危機。不同的商業銀行之間，也通過英格蘭銀行來彼此轉帳。

在 19 世紀的金融危機中，英格蘭銀行主動提供救

機智問答

最後貸款人：英文是（Lender of last resort，LOLR），指在商業銀行發生資金困難，無法從其他銀行或金融市場籌措資金時，向中央銀行融資是最後的辦法。中央銀行對其提供資金支援，則是承擔最後貸款人的角色，否則發生困難的銀行，將會破產倒閉。

助，為陷入危機的銀行提供貸款，成為「最後貸款人」。英格蘭銀行穩定了金融秩序，成為代表國家利益的中央銀行。

英格蘭銀行是世界上第一家中央銀行，20世紀以後，世界上的大多數國家都建立了中央銀行制度，成為國家穩定國民經濟的必要手段。有了中央銀行做為商業銀行強大的後盾，人們就不用擔心存在銀行裡的錢會拿不回來了。

因此，中央銀行被稱為「發行的銀行」、「銀行的銀行」、「國家的銀行」。

稱為「發行的銀行」，是指中央銀行不僅壟斷銀行券的發行權，而且是全國唯一的現鈔發行機構。它對調節貨幣供應量、穩定幣值有重要作用。目前世界上幾乎所有國家的現鈔都是由本國的中央銀行發行的。而稱為「銀行的銀行」，是因為中央銀行為商業銀行和其他金融機構提供存款、貸款、匯款等銀行業務。作為最後貸款人，當出現金融危機時，中央銀行要為陷入資金困難的商業銀行融通資金，避免資金鏈條斷裂、整個銀行體系崩潰，責任十分重大。

「國家的銀行」，則是因為中央銀行代表國家貫徹執行財政金融政策、代理國庫收支、為國家提供金融服務。中央銀行還代表國家參加國際金融組織、進行國際金融活動。

　　中央銀行還要在全國建立安全高效的支付系統，就好比在一個大市場裡聚集了許多賣家和買家，過去人們買、賣東西都是當面一手交錢、一手交貨，但隨著市場規模的擴大，甚至發展出了跨國交易，無法當時當地交錢交貨，交易時也不需要再使用現鈔了。這時就需要建立一個支付系統，讓買家和賣家能夠順利完成交易，互不相欠。

　　中央銀行在金融領域和整個國民經濟發展過程中，有著至關重要的地位和作用。

　　在台灣，中央銀行（簡稱央行）是中華民國的國家銀行，直屬於行政院管轄，具有部會級地位，肩負穩定國家金融發展、維持物價平穩、維護新臺幣幣值穩定、管理中華民國外匯存底等重要事務。並且協助相關機構制定和執行貨幣政策，防範和化解金融風險，維護國家的金融穩定。

7. 錢是可以買賣的嗎?
金融市場 vs. 投資

　　小朋友們,你平時有沒有思考過這樣的問題:你吃的美味食物、玩的有趣玩具和穿的漂亮衣服等,這些東西是從哪裡來的?

　　對,是從商店裡買回來的,無論是網路商店還是實體店鋪,它們都屬於市場的一部分。

　　市場就是進行買賣交易的地方。

　　人們通過買賣產品實現商品流通,同時也實現貨幣流通。可是你知道嗎?貨幣本身也是可以進行交易的,而交易金錢的市場就是金融市場。我們日常生活中看不到這個市場,但它在經濟發展過程中,其實正在發揮著重要作用。

　　在金融市場上,錢就是買賣交易的主體。人們透

過交易金錢，讓閒置的錢流動起來，把錢花在有用的地方，幫助人們開展生產，完成實物資源的合理配置，獲得更多財富。

舉一個簡單的例子：

媽媽給你買了一個新玩具作為新年禮物，那麼這個玩具是如何到你手裡的？

顯然，你知道玩具是你和媽媽一起從玩具店裡花錢買回來的。而玩具成品擺放在店內銷售前，製造商為了生產出這個玩具，需要購買原材料，請設計師設計，聯繫工廠量產製造，支付工人薪水等等，這些生產環節都需要投入大筆資金，也就是生產成本。

這些錢從哪裡來呢？

其實有很多辦法可以籌到錢：一起創辦這個生產企業的人自己會投入一部分錢，不夠的錢還能向銀行貸款，可以找銀行以外的其他金融機構投資或發行股票，募集讓更多人來投資……。

這些生產玩具的錢，有很大部分就是在金融市場
上募集來的。金融市場通過買賣錢本身，將錢從閒置
的地方運送到需要用錢的地方，間接 明瞭生產產品的
企業完成生產。

金融市場提供的生產資金，讓原材料變成最終的
產品，完成實物資源的轉移。沒有這個看不見的金融
市場，你的玩具就無法正常生產，也無法運至商品市
場，自然也不會被你買回家。因此，金融市場是整個
金融體系中，除了金融金融仲介以外，最重要的組成
部分，就是金融仲介和金融市場一起運作，實現金融
的功能。

金融市場上，錢的交易形式很多元，比如銀行和
非銀行金融機構的借貸，企業通過發行債券和股票進
行融資等。人們在金融市場上買賣的錢，也叫金融商
品或金融工具。金融交易一般有三方面的參與者：募
資人、投資人、金融仲介。

有時候，投資人會直接將錢轉移到募資人那裡，
比如炒股，就是我們直接買入上市公司發行的股票，
這樣我們就成了上市公司的投資人；有時候則通過金

募資人	投資人	金融仲介

我有個賺錢的好點子，但需要跟別人借點錢來實現。	我手上有點閒錢，可以暫時借給需要錢的人，賺點利息。	我們負責聯絡募資人和投資人，我們的公司一般是商業銀行、保險公司和投資銀行等。

融仲介實現資金轉移，比如我們把多餘的錢存入銀行，銀行再把這些錢彙集起來，貸款給需要用錢的人。這些錢在銀行中轉了一下，就由投資人手上轉入了募資人手上。

人們通過買賣金融商品可以獲得更多收益，而不同的金融商品有不同的特點。人們又是根據什麼去選擇金融商品呢？

一般來說，人們會從收益多少、風險程度、貨

幣轉換率這三個方面來衡量這種金融商品是否值得購買？

請你問問爸爸媽媽，他們都買過什麼金融商品呢？

比如，你的爸爸熱衷於投資股票，有時候會用賺到的錢給你買玩具，可有時候他也會賠錢，買股票的錢都打了水漂。那股票到底是什麼？買股票是不是風險很大呢？

股票指股份公司為了籌集主權資金向出資人發行的股份憑證，代表持有股票的人—也就是股東，對股份公司擁有一定的所有權，可以獲得相應的股息收入，同時也將承擔公司經營的風險。

比如，你的媽媽喜歡做蛋糕，準備開一家蛋糕店。可是媽媽只有 10 萬元，而購買做蛋糕的設備和材料一共需要 20 萬元。於是媽媽的朋友投資了 10 萬元，媽媽給朋友出具了一個憑證，

證明朋友就是持有媽媽的蛋糕店的股東。

經營了一段時間之後，媽媽做的蛋糕很受歡迎。扣除掉成本，淨賺 2 萬元。於是媽媽分給朋友 1 萬元，這 1 萬元就是朋友投資蛋糕店的收益。可是後來媽媽忙於其他的事情，蛋糕製作品質下降，蛋糕開始滯銷。媽媽買的材料因存放太久變質壞掉了，所以店內的生意一直沒起色。這樣一來，嬤嬤的朋友就沒有收益了，可能還要面臨投資的 10 萬元拿不回來的風險。

公司經營和媽媽的蛋糕店一樣，每一股票的背後都是一家經營中的公司。買一檔股票就是對相應的公司進行投資。

那如何買賣股票呢？

其實道理很簡單，我們平時買東西要去商店。股票交易也有專門的場所，那就是證券交易所，換言之，證券交易所就是買賣股票的「市場」。台灣現有的交易場所叫做「台灣證券交易所」。過去我們真的要到證券交易所去買賣股票，但是隨著網路發展，就像實體商店發展出網路商城，證券交易所的交易如今也可以通過網路進行線上進行。我們用電腦或手機就可以

買賣股票，但首先我們仍需要在證券交易所開立股票帳戶。

開戶和買賣股票，一般要通過經營證券交易的公司，也就是證券公司來進行，證券公司從中收取手續費。

每檔股票都會有一個價格，這個價格會在交易時間內即時變動。我們可以觀察股票價格的走勢，在股票便宜時用相對低的價格買入，等到價格上漲之後再把股票賣出， 這樣就會有一個價差。這個價差乘以我們買的股票數量就是我們賺到的錢。價格上漲之後，我們也可以選擇不賣出股票，等待公司繼續發展，獲取分紅。

分紅就是公司賺到錢之後，分給股東的一部分錢。

股票是企業籌措發展資金的重要管道，此外，公司還可以通過發行債券來籌錢，這就是公司債券。國家也會發行債券，因為有政府信用做後盾，國債的安全性更高。購買債券實際上就是借錢給國家或者企業，幫助它們發展，而我們從中收取利息。

為了減少投資風險，人們還發明瞭一種利益共用、

風險共擔的集合投資制度—投資基金。

　　基金就是集中許多投資者的錢，由專業的投資機構管理這些錢，投資某一企業或某一專案。這種投資方式的品項多，可將投資分散化，進而降低投資風險。像是我們熟悉的「老人年金」本質上也是一種投資基金。它募集人們的養老保險資金，由專業機構進行投資管理。其特殊之處在於，這是一種用於支付人們退休金的基金，是社會保障體系的一部分。

　　比如我們的爺爺奶奶退休後還能每個月領到錢，這筆錢就是從「老人年金」裡來的。

利用「錢」來賺錢的方式還很多。比如買賣外匯，通過匯率變化來獲利；買賣黃金也是，黃金是重要的儲備資產，通過黃金的價格變化來獲取收益也是一種方式；你甚至可以買賣一家新創公司，透過投資具發展潛力的新創公司獲得資金回報。

金融市場是產品市場能夠蓬勃發展的推動力，有了資金的保障，市場裡各種琳琅滿目的商品才能生產出來。金融的力量是巨大的，它能帶動錢生錢，讓社會的財富源源不斷。

股票、債券、基金，這些概念看上去好複雜呀！我們要充分掌握其中的規律，才能從中賺到錢，關於這一部分內容，會在《錢生錢的智慧》這一本書中講到。

8. 貨幣是憑空捏造的嗎？

銀行創造存款貨幣的過程……

　　在數位支付流行起來之前，我們出門買東西都要帶錢，也就是紙幣或硬幣。紙幣本身就是一張紙，硬幣本身就是金屬合成材料，它們並不值錢，但因為人們賦予了它們不同的面值，它們成為貨幣，能夠購買各式各樣的物品。

　　在買賣物品的過程中，貨幣也在不斷流通，因此人們又把它叫作通貨。

　　西方的紙幣最早就是從中央銀行發行的「銀行券」發展而來的。銀行家發現人們存在銀行的錢通常並不會同時被取走，他們只需要準備一部分現金就可以支應存款的需求。其他多餘的錢，銀行會貸款給需要用錢的人，賺取利息。

　　這個聰明的辦法導致一件神奇的事情發生了：銀行可以憑空創造出更多的貨幣！

　　這是怎麼回事呢？

　　我們舉一個例子，比如有一天，A 銀行的客戶甲到 A 銀行存 1 萬元，A 銀行就有了這 1 萬元的原始存款。此時，A 銀行並不需要把 1 萬元全都留起來，而是拿出 8 千元用於放貸，剩下 2 千元（1 萬元的 20%）存起來應對客戶提取存款。於是，A 銀行把 8 千元貸款給了客戶乙。

　　客戶乙拿到這筆貸款後，拿來投資公司的生產經

機智問答

　　通貨：狹義的通貨指處於流通中的紙幣、鑄幣，是流通中的現實貨幣的通稱。廣義的通貨泛指一國的貨幣，是國家發行的法定貨幣。如新台幣是台灣的通貨，美元是美國的通貨，英鎊是英國的通貨。通貨能否保持穩定，取決於紙幣發行的總量，能否與流通中的貨幣實際需要量相適應。

營，並將 8 千元支付給客戶丙。客戶丙收到錢後，便將這 8 千元存入了 B 銀行，這樣一來，B 銀行就有了 8 千元的存款收入。

同樣的，B 銀行留下存款的 20%，也就是 1,600 元用於應對提取存款，剩下 6,400 元用於放貸。B 銀行將 6,400 元貸款給了客戶丁。客戶丁將 6,400 元支付給客戶戊，客戶戊將 6,400 元存入銀行 C。銀行 C 也照銀行 A、銀行 B 的辦法，以此類推……。

這樣，最初的 1 萬元存款，通過放貸來不斷新增出更多存款。我們通過一個表格就可以更清楚地看到存款的增加。根據計算，如果每家銀行都把存款的 20% 留存起來，把存款的 80% 用於放貸，那麼這 1 萬

元存款可讓相關銀行總計放款 4 萬元貸款和吸收包括最初 1 萬元在內的 5 萬元存款。

原始存款 vs. 引申存款

銀行	存款	庫存貨幣	貸款
A	10,000	2,000	8,000
B	8,000	1,600	6,400
C	6,400	1,280	5,120
D	5,120	1,024	4,096
……	……	……	……
合計	50,000	10,000	40,000

最初存入 A 銀行的存款叫原始存款，後來增加的存款叫引申存款。引申存款是在原始存款的基礎上產生的，它是通過貨幣的流通憑空創造出來的。原來流通中只有 1 萬元，這 1 萬元存入銀行後，就多出來 4 萬元存款，是不是很神奇？

在現代金融體系下，「創造存款貨幣」正是商業銀行的一項重要職能。一般商業銀行都會在中央銀行

開立帳戶，並把自己的存款存入中央銀行，叫作銀行準備（bank reserve），又稱存款準備金。而商業銀行的存款總額很多，這些錢都要存入中央銀行嗎？當然不是。商業銀行需要保留一部分存款用於日常的銀行業務，那麼需要在中央銀行存入多少準備存款呢？

這個數額是怎麼確定的呢？

國家會根據商業銀行吸收的存款總額，確定一個與準備存款的比率，這個比率叫

「銀行存款準備金比率」。

調整銀行存款準備金比率是國家調節貨幣政策的重要方法。當中央銀行降低銀行存款準備金比率時，商業銀行的準備存款就會減少，可用於發放貸款的錢就會增加。這樣社會上的貸款總量和貨幣供應量也會相應增加。反之，如果中央銀行提高銀行存款準備金比率，社會上的貸款總量和貨幣供應量就會減少。

那是不是商業銀行的存款越多越好呢？並不是。因為存款貨幣的創造不是無限的，除了受到法定準備金率的制約，還會受到定期存款、現金漏損率、超額準備金率，以及經濟發展形勢等因素的影響。

現金漏損率就是提現率，也就是客戶從銀行提取的現金和銀行存款總額的比率。之所以叫現金漏損，是因為現金被提取出去，就是流出了銀行系統，這是一個比較形象的說法。現金漏損會使存款數額減少，從而降低銀行創造派生存款的能力。

銀行除了法定準備金以外，還會額外準備一部分資金用於保證支付存款的提取和資金清算，這部分資金叫備付金，備付金占存款總額的比率就叫超額準備金率，也叫備付金率。超額準備金率能夠保證銀行體系的正常支付能力，以應付客戶提款，同時還有限制貸款過度擴張的作用。

整個社會的經濟發展形勢，也會影響企業申請貸款的規模，社會經濟發展越好，人們手上的錢越多，

那麼企業當然就會有信心賺到更多錢，這時，他們很可能就會大膽地多向銀行申辦貸款，擴大經營規模。同時，銀行放出貸款金額的多寡，又會影響引申存款的創造。銀行借出去的錢越多，公司越有錢，給客戶支付的貨款就越多，客戶存回到銀行的引申存款也會相對增加。這樣一來，銀行越來越有錢，企業和客戶也越來越有錢，整個市場都呈現一種向上發展的趨勢。

你看，整個金融市場就像是一副多米諾骨牌（Domino），牽一髮而動全身，一點微小的變化，都可能會影響到整個市場。

商業銀行通過存貸款業務創造出了數倍於原始存款的存款貨幣，並在中央銀行開立帳戶，將存款準備金存於帳戶中，根據儲戶支取存款的情況，可以隨時從中央銀行提取。

商業銀行和中央銀行的關係，就像儲戶和商業銀行一樣，不斷發生著資金的存取和流動。當商業銀行向中央銀行提取的現金多於存入現金時，現金發行量就會增多，這叫現金發行；當商業銀行向中央銀行存入的現金多於提取的現金時，現金的發行量就減少了，

叫作現金回籠。中央銀行通過調節商業銀行的存款準備金，實現對貨幣總量的調控。

　　隨著經濟不斷增長，中央銀行需要持續地為商業銀行補充準備存款提供支援，以保證現金的正常提取，創造出經濟生活所需的越來越多的存款貨幣。

　　但準備存款的補充也不是無限制的，要根據人們對貨幣的需求來調整，這就涉及貨幣的供需問題了。

　　接下來，我們就來學習一下有關貨幣需求和貨幣供給的知識吧！

9. 錢越多越好……？

貨幣需求 VS. 貨幣供給

在生活中，錢能夠買來許多我們需要的東西，能給我們帶來許多便利的服務。

從個人的角度來看，我們都希望能擁有更多的錢，擁有許多的錢似乎不是一件壞事。

那如果從整個社會的角度來看，錢是越多越好嗎？

通過前面篇章的內容學習，我們已經知道，商業銀行能夠通過存貸款業務創造出數倍於原始存款的貨幣。

隨著經濟的發展，銀行能夠創造出越來越多的錢，

那麼銀行可以無限制地創造引申存款嗎？

錢是不是越多越好呢？

究竟需要創造多少貨幣才合適？

需要多少貨幣就是貨幣需求的問題，這是金融學的重要課題，同時也是從古至今人們一直在思考的問題，人們從不同的角度持續回答著需要多少貨幣的問題，並且提出了貨幣需求理論。

早在兩千年前，中國就有了貨幣需求思想的萌芽。《管子》一書中提出了「幣若干而中用」 的說法，意思是到底要鑄造多少錢幣才夠用。此後，中國人一直沿著每人平均擁有多少鑄幣，才能滿足流通需要的思路，探討貨幣需求的問題。

在西方，經濟學家們對此也提出了不同的看法。以下大致梳理了西方貨幣需求理論的發展歷程。

商品的價格取決於流通中貨幣的數量，商品流通決定貨幣流通。

古典經濟學家

貨幣量取決於價格水準、流通中的商品數量和貨幣流通速度。

卡爾 · 馬克思

提出交易貨幣需求論，認為貨幣的需求來自商品交易和商品流通。

爾文 · 費雪

引入了人們對貨幣的主觀需要因素，將貨幣需求分析的重點放在人們持有貨幣的動機上，認為人們需要貨幣，只是為了保有現金餘額，因此貨幣的需求量應該等於現金餘額。

劍橋學派

對貨幣需求的動機進一步展開討論，認為人們保有貨幣除了正常交易和應對意外支出外，還為了儲存財富、增加財富。

凱恩斯

　　由西方社會對貨幣需求的思考來看，人們對貨幣需求的認識越來越深入和全面，除了宏觀角度的社會

需求，個人對貨幣的需求也被納入了考量。

在現代經濟學理論中，針對貨幣需求的分析，同樣要從宏觀和微觀兩個角度進行。

宏觀角度的分析，主要是針對整個市場形勢，從整個市場貨幣的需求量出發，確定合理的貨幣供給量，為貨幣供給提供決策依據，進而實現貨幣及商品市場總供需的均衡。

微觀角度的分析，則主要是針對市場上的每個個體，也就是我們個人或企業，主要是考察個體的持幣動機和消費行為，藉此來衡量市場上貨幣需求的變化。

貨幣供給是與貨幣需求相對應的一個問題。過去在金屬貨幣流通的時代，金屬材料的缺乏，導致貨幣供給不足。後來出現信用貨幣，順勢解決了這個問題，但貨幣供給如何符合經濟發展需要，卻又是一個新的問題。

人們把貨幣供給分成不同層次，每個國家的分法又不盡相同。

台灣依照中央銀行現行定義則是：

1. 貨幣總計數 M1A（Monetary Aggregate, M1A）

M1A＝通貨淨額（社會大眾手中持有的通貨）＋企業及個人與非營利團體存在銀行與基層金融機構之支票存款及活期存款。

2. 貨幣總計數 M1B（Monetary Aggregate, M1B）

M1B＝M1A＋活期儲蓄存款（目前只有個人及非營利團體可以開立儲蓄存款帳戶）

3. 貨幣總計數 M2（Monetary Aggregate, M2）

M2＝M1B＋準貨幣

貨幣供給與貨幣需求間的平衡對於穩定經濟形勢、促進經濟平穩發展非常重要。在宏觀經濟層面，

機智問答

準貨幣：英文全名為 Quasi-money，是指可無條件立即按等價兌換成狹義貨幣的貨幣性資產，例如定期性存款、外匯存款、郵政儲金等，其流動性較狹義貨幣低，多以價值儲藏為目的；惟受金融自由化與國際化影響，部分準貨幣資產與狹義貨幣間之分際已日趨模糊。

政府對貨幣市場進行調節，主要有以下三種政策手段：

第一，在金融市場上買賣政府債券，可增加或減少流通中的現金或銀行準備金。

第二，調整利率，貸款數量會相應增減。

第三，調整法定準備金率，也會改變商業銀行的放款能力。

　　政府通過以上幾種方法改變基礎貨幣量，調整貨幣供給量。

　　在微觀經濟個體層面，個人持有現金的情況、企業經營的擴大或縮減，也會影響基礎貨幣量的變動，從而改變貨幣供給量。

　　而貨幣供給與貨幣需求之間，又該是怎麼樣的關係呢？

　　實際上，貨幣的供求與市場的供求之間關係密切，

貨幣的供給量最終總要在市場供求和貨幣供求之間取得平衡。

比如在市面上有價值 1 萬元的商品提供給消費者，那就需要 1 萬元的貨幣來實現支付功能。如果流通在市場上的貨幣不足 1 萬元，那就會造成市場供給大於需求，也就是供過於求，商品價格可能會因此下跌。賣家利潤受損、生產減少，最後導致市場經濟衰退。

反之，如果流通中的貨幣超過 1 萬元，那就意味著市場需求大於供給，也就是供不應求，商品價格可能會因此上升。賣家若想趁機賺更多錢，就會擴大生產，促進市場經濟升溫。

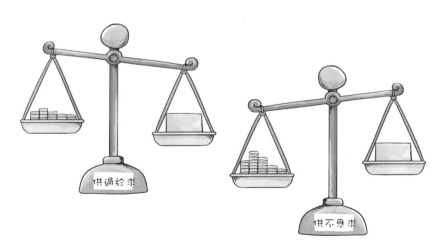

　　因此，經濟體系中到底需要多少貨幣，完全取決於社會上有多少實際資源需要貨幣來實現其流轉現況，並以此完成生產、交換、分配和消費的再生產流程。

　　總括來說，市場供給決定貨幣需求，貨幣需求決定貨幣供給，貨幣供給決定市場需求，市場需求刺激市場供給。貨幣的供與求、市場的供與求，四者之間緊密相關，相互作用。貨幣供求的平衡，有助於市場供求的平衡，唯有上述四者達到一個滾動式的平衡狀態，經濟發展才能更加健全。

10. 錢為什麼會「不值錢」了？
通膨 VS. 通縮

　　如果給你 100 元你去超市買東西，現在花 100 元買到的東西和十年後花 100 元買到的東西會一樣多嗎？

　　你可能無法想像未來的情況，我舉例簡單說明一下。

　　假設 10 年前臺灣的稻米價格是 1 斤 2 塊錢。10 年後的稻米價格是一公斤 6 元。稻米價格在十年內間上漲了近 3 倍。也就是說，以稻米的價格衡量，10 年前的 100 元大約相當於 10 年後的 30 元。10 年後你若拿 100 元，只能買回 10 年前的 1 / 3 的稻米。

　　隨著時間的推移，錢為什麼會變得越來越不值錢了？

根本原因就在於貨幣的發行量變大了。

舉例來說，原來市場上一共有 1 萬件商品，每件商品 1 元錢，商品的總價值為 1 萬元，流通中的貨幣只要有 1 萬元就可以滿足交易的需要。後來因工廠擴大規模，產量增加，市場上的商品增加變成 2 萬件，總值變成了 2 萬元。可是，流通在市場上的貨幣還是只有 1 萬元，這時候，錢就不夠用了……。

已經生產出來的商品賣不出去，工廠就不願再繼續量產，經濟發展陷入停滯狀態。

這該怎麼辦呢？

聰明的你，一定很容易就能想到，這還不容易解決嗎，叫國家多印點鈔票不就解決了！於是，國家決定透過中央銀行發行 3 萬元貨幣。這樣一來，流通在市場上的貨幣總額變成是 4 萬元，而這 2 萬件商品甚至所有商品都能賣出去了。

但問題又來了，要用 4 萬元完成全部商品的交易，原來 1 元 1 件的商品價格，現在就上漲為 2 元 1 件了。而這個變化的過程有個專有名詞，就是我們常說的通貨膨脹。

說簡單來說，就是錢變得不值錢了。

通貨膨脹就是指一個國家主要商品的價格持續、普遍、不可逆地上漲，貨幣持續貶值的現象。也就是說，造成通貨膨脹的直接原因就是，一個國家流通中的貨幣量大於本國的有效經濟總量，也就是貨幣供給過多，超過了市場需求。

貨幣增加了多少其實有跡可循，因為通貨膨脹的程度有一個度量標準，叫作通貨膨脹率。通貨膨脹率反映了貨幣貶值的程度。通貨膨脹率和物價指數通常是一致的，如果物價指數上漲 5%，通貨膨脹率就是 5%。

一般說來，通貨膨脹率 2 ～ 3% 時，屬於比較輕微的通貨膨脹，一般稱為溫和的通貨膨脹。若經濟增長率低於潛在的經濟增長能力時，可以適當實施通貨膨脹政策來刺激需求，促進經濟增長。但如果通貨膨脹率上漲超過一定界限，就會變成惡性的通貨膨脹。這時，整個社會將呈現生產停滯，物價飛漲，貨幣無法流通的窘境，進而引發動盪，對社會將產生嚴重的破壞作用。

比如在 20 世紀 30 年代的中國，便曾經發生過世界經濟史上少數的典型惡性通貨膨脹。

當時上海從 1937 年 6 月到 1949 年 5 月，這段時間的物價指數上漲了 30 多萬億倍。1945 年時，100 元法幣只能買到 2 個雞蛋。政府瘋狂發行貨幣，錢鈔還沒有一張白紙來得值錢，出門買菜都要扛著麻袋裝錢才行……。很快地，當時的貨幣體系瓦解，經濟崩潰，社會動盪，最後就是政府倒臺……。

這就是惡性通貨膨脹的嚴重後果。

而透過上面的介紹，我們發現錢太多會造成通貨膨脹，那麼反過來若錢太少呢，又會出現什麼情況？

機智問答

GDP：指國內生產總值，是一個國家（或地區）所有常住單位在一定時期內（一個季度或一年）經濟生產活動的最終成果。這是國民經濟核算的核心指標，也是衡量一個國家或地區經濟狀況和發展水準的重要指標。

　　市場上流通的貨幣量少於商品流通中所需要的貨幣量，就會引起貨幣升值、物價普遍持續下跌，這就是通貨緊縮。

　　通貨緊縮與通貨膨脹，正好是一體兩面相反現象。

　　我們還是以上面的例子來說明，原來市場上一共有 1 萬件商品，每件商品 1 元錢，商品的總價值為 1 萬元，流通中的貨幣有 1 萬元，剛好滿足交易需要。後來，工廠擴大規模，產量增加，市場上的商品變成了 2 萬件，商品的總價值變成 2 萬元，可是流通中的

貨幣只有 1 萬元，也就是錢不夠用了。

量產發行到市面上的商品滯銷，國家又不增發貨幣，這該怎麼辦呢？

工廠為了把商品全部賣出去，所以決定降價銷售。每件商品從 1 元調降為 0.5 元，這樣才能讓流通中的貨幣夠用。但是這樣一來，工廠的利潤受損，不願再生產，企業就會縮減經營，導致失業率增加。也就是說，長期的通貨緊縮會抑制投資與生產，導致失業率升高及經濟衰退。

20 世紀 30 年代的世界性經濟大蕭條，就是典型的通貨緊縮造成的。

著名經濟學家凱恩斯在分析這次經濟危機時說道：「不論是通貨膨脹還是通貨緊縮，都會造成巨大的損害……兩者對財富的生產也同樣會產生影響，前者具有過度刺激的作用，而後者具有阻礙作用，在這一點上，通貨緊縮更具危害性。」凱恩斯認為，需求不足是導致通貨緊縮的根本原因。

凱恩斯

只有政府推行有效的貨幣政策，才能改善通貨膨脹和通貨緊縮。貨幣政策就是中央銀行為實現宏觀經濟目標所採取的的各種方針和政策，主要就是調節貨幣供給。中央銀行通常會根據經濟發展現況的「冷」或「熱」，適度地採取或「鬆」或「緊」的政策方向。

當通貨緊縮嚴重，企業生產縮減，市場消費力道和投資量體都顯得動力不足時，經濟發展便是遇上冷鋒。這時，中央銀行就會採用寬鬆的貨幣政策來增加貨幣供給量。透過發行貨幣，購買債券，降低存款準備金率和貸款利率等機制，增加流通在市場上的貨幣。

畢竟貸款規模擴大，利率降低，企業和個人更容易貸款，貸款成本也會降低。企業有更多資金投入再生產，個人也會更有意願消費，這樣方能刺激經濟快速發展，緩解通貨緊縮的狀況。

當通貨膨脹嚴重時，中央銀行會採取緊縮政策，提高法定存款準備金率和利率。

也就是說，商業銀行要在中央銀行裡存入更多錢，吸引更多儲戶的存款進駐。同時，貸款規模縮減，貨幣乘數降低，貨幣供應量減少，生產成本提高，企業生產規模縮減，消費者減少消費，市場需求降低，經濟增長趨勢會放緩，物價上漲方可被遏制。

唉，還是省著點花吧！

除了貨幣政策，政府也會利用財政政策，對貨幣供需做適度調整。

通貨緊縮時，政府增加支出，減少收入，刺激社會需求和經濟增長。財政赤字就是政府財政支出大於收入，政府減稅和擴大支出就會造成財政赤字。而出現通貨膨脹時，政府增加收入、減少支出，抑制社會過剩需求，也就是政府為經濟降溫。這時候，政府收入超過支出，增稅和減少政府支出，就會產生財政盈餘。

通貨膨脹和通貨緊縮是兩種更好相反的經濟現象。它們都是由社會需求和供給失衡所引發的狀態，

也都會造成物價變動，影響就業率和消費力，嚴重時還會攪亂社會秩序，需要採取有效措施來防範。

　　這也是國家會對經濟進行滾動式調整的重要原因。

11. 金融，改變世界的力量

發明家與金融家的故事

發明家愛迪生的故事大家都聽說過吧？

愛迪生是一個偉大的發明家，他發明瞭電燈，讓人類第一次擁有了明亮如晝的夜晚。可是你知道嗎，如果沒有金融的力量，愛迪生的電燈根本不可能出現，人類也許還要在黑暗中摸索很久。

愛迪生是個天才的發明家，可是他沒有錢，一生都是個窮人。他在發明電燈的過程中需要花費大量的

天哪，一天就要花 800 美元！現在 800 美元還相當於新台幣 2 萬多塊錢呢，別說那時候是 19 世紀啊！這根本就是個天文數字！

這個項目由我摩根投了！

實驗經費，每天至少要花 800 美元。

　　這筆錢對普通人來說是根本無法負擔的昂貴支出。幸好愛迪生得到了當時的「金融大王」—J.P. 摩根的資助。摩根非常有錢，是美國著名的銀行家，他建立了美國鋼鐵公司，一度主宰華爾街，影響美國金融業乃至世界金融業。

　　在摩根大筆資金的支持下，愛迪生毫無後顧之憂，專注於他的發明上。摩根位於紐約門羅公園的豪宅，也變成了愛迪生的實驗室。為了尋找合適的材料做燈絲，愛迪生先後用了 1,600 多種材料做實驗，花費了不知多少個 800 美元，直到他終於找到能夠做燈絲的

材料——根細碳絲……。

1879 年 10 月 21 日，愛迪生的燈泡實驗終於成功了！

1879 年 10 月 22 日，愛迪生在門洛公園（Menlo Park）的豪宅裡裝了一台發電機，又用 4,000 公尺長的電線線佈滿地板和牆壁，裝了 400 多個電燈座。摩根為此舉辦了一個盛大的儀式，點亮了自己住宅的電燈。

他成為人類歷史上第一個擁有和使用電燈的人。

1879 年的耶誕節，愛迪生和摩根又在門洛公園點亮了 60 盞電燈，瞬間引起轟動。

之後，摩根資助愛迪生 1,000 萬美元，註冊了愛迪生電燈公司，就是後來著名的美國奇異公司（General Electric）。

他們還在紐約建了一座地下發電站，並且在城市中鋪設電網，使整座城市都亮了起來。

金融家摩根看到了「電」作為能源的巨大發展前景，投資了愛迪生的技術發明，用金融的力量推動了科技的進步和創新。電力的廣泛使用是第二次工業革

命的一個顯著成就， 人類進入電氣化時代。

　　以「蒸汽機」的發明作為標誌的第一次工業革命，同樣是在金融力量的推動下才得以完成的。

　　18 世紀，英國率先開始工業革命，但它早期的技術發明都只能在手工作坊裡運用，並沒有應用於工業生產，原因就是沒有資金挹注。英國諾貝爾經濟學獎獲得者約翰 ‧ 理察 ‧ 希克斯爵士（Sir John Richard Hicks）曾說：「工業革命不得不等候金融革命。」隨著銀行的蓬勃發展，工業發展終於有資金支援。銀行是資本轉移的橋樑，能有效進行各地區的資本分配，滿足工業地區大量的融資需求。

　　之後，證券業也發展起來，現代金融的信用體系開始建立起來。

　　馬克思指出：「資本主義革命、資本主義制度的形成，不是一般地以生產力的革命、交換的革命，而是以一場深刻的金融革命為標誌。」

　　以資訊技術為代表的第三次工業革

命，同樣離不開金融力量的推動。

　　美國高科技公司的聚集地矽谷，也是風險投資金融資本的天堂。矽穀的技術創新和金融資本一舉創造了新的世界。蘋果（Apple Inc.）、雅虎（Yahoo！）、Google、英特爾（Intel Corporation）、微軟（Microsoft）……無數

機智問答

　　工業革命：工業革命可分為第一次工業革命、第二次工業革命和第三次工業革命。第一次工業革命最初發生於英國，其標誌是發明蒸汽機，是資本主義工業化的早期歷程，即資本主義生產實踐了從工廠手工業邁向機器大量生產的過渡。這次工業革命使英國的經濟飛速發展，一躍成為稱霸世界的「日不落帝國」。

　　第二次工業革命和第三次工業革命分別以「電力」和「電腦」的發明和應用為標誌，每次都對人類的生產生活方式產生了非常深遠的影響。

　　也有人認為，我們現在正處於以「智慧化技術」為標誌的第四次工業革命時期。

的新創公司迅速崛起，新技術在金融支持下，再次改變了人類的生活。

　　近年來，人類的數次技術革命帶動了整個社會的進步。人類從農耕時代一躍進入資訊化時代，這個過程的發展速度是驚人的，超過了人類以往任何時代的發展速度。這個過程，如果沒有金融業的不斷變革和發展，這是根本不可能實現的。金融業雖不是實體經濟，並未直接參與社會生產，但卻實實在在地為社會生產提供源源不斷的動力支援。

　　如果人類社會是一輛持續向前行的火車，那麼技術革新就是這輛火車的引擎，金融則是能源。只有在能源充足的前提下，引擎才能啟動，人類的進步專車才能勇往直前。

　　概括來說，金融發展與經濟發展，關係密切。

　　金融發展能夠促進經濟發展，意指金融結構的變化。而金融結構指一國現存的金融工具和金融機構之總和。金融發展的程度越高，也就意味著金融工具和金融機構更加多樣化，金融對資源的配置效率就越高，也就越能提高社會經濟效率。因此，金融發展是推動經濟發展的動力和手段。

　　人們常用金融相關率和貨幣化率作為衡量金融發展和經濟發展的相互關係的指標。

　　從世界範圍來看，我們常說已開發國家的經濟發展水準較高，其實這也反映了該國金融發展的程度較高。而開發中國家的經濟發展水準較低，也就反映了其金融發展的程度較低。而開發中國家普遍存在市場經濟不發達、金融機構數量少、金融市場落後、政府對金融進行嚴格管制等金融壓抑的現象，因此，想要

進行金融自由化的改革，政府勢必要放鬆對利率、匯率、資本自由流動的管制。

金融壓抑 VS. 金融自由化：金融壓抑（financial repression）是指市場機製作用並未充分發揮的開發中國家，其所存在的金融管制過多、利率限制、信貸配額以及金融資產單調等現象，也就是金融市場發展不夠、金融商品較少、居民儲蓄率高。

金融自由化是指 20 世紀 70 年代中期以來，在西方已開發國家中出現，逐漸放鬆甚至取消對金融活動的管制措施的過程。美國經濟學家羅納德・麥金農（Ronald I. Mckinnon）和愛德華・蕭（Edward S・Shaw）主張，開發中國家應以金融自由化實現金融深化，促進經濟的增長與發展。

12. 金融體系脆弱的一面

金融危機 VS. 金融監管

1929 年，美國。

農場裡，人們把一桶又一桶的鮮奶倒掉，農民把成堆的玉米燒掉，把牛羊殺死；而街頭巷尾，大批饑餓的失業者在排隊領救濟麵包……。

你可能會問，這些人們是瘋了嗎？

為什麼不把多餘的食物分給需要的人？

上面所描述的就是金融危機爆發時的真實情景，人們的舉動也並非瘋狂之舉，他們只是時代大背景下無力改變現狀的普通人。當時，農產品的市場價格急劇下降。有資料顯示，1932 年，1 磅牛肉只要 2.5 美分，200 顆蘋果只要 40 美分，一馬車的小麥只要 4 美元。1932 年，約有 200 萬美國人到處流浪，據 1932 年 9 月的《財星》雜誌（Fortune）估計，美國有 3,400 萬人沒有任何收入，占全國人口總數近 28%。

農民在田地、牧場裡辛苦勞作，終於有了收穫，拿到市場上販售卻連成本和運費都賺不回來，反而要虧很多錢。此外，他們還得償還銀行貸款、繳納稅金。不得已之下，他們只好燒掉糧食、倒掉牛奶、殺掉牛羊。

美國敘事史《光榮與夢想：1932 年至 1972 年美國社會實錄》（The Glory and the Dream: A Narrative History of America, 1932-1972）中曾寫道：「千百萬人只因像畜生那樣生活，才免於死亡。」如今，我們難以想像當時的人們處於何種艱難的處境，普通人如何在

機智問答

黑色星期二：1929 年 10 月 29 日，當天是星期二，紐約證券交易所裡的人們開始大批拋售股票。股

星期二

票指數從最高點驟然下跌 40 多個百分點，成千上萬美國民眾的積蓄在幾天內煙消雲散。這是美國證券史上最黑暗的一天，也是美國歷史上影響最大、危害最深的經濟事件，其影響波及西方國家乃至整個世界。此後，美國和全球進入了長達十年的經濟大蕭條時期，這一天被稱為「黑色星期二」，也是 20 世紀 30 年代，開啟全球經濟大蕭條的指標性事件。

水深火熱之中求得生存，只能透過文字的記錄和描述，窺見歷史的一角。

金融危機是可怕的，更可怕的是，從 17 世紀以來，平均約四百年間，人類歷史上就已發生過九次範圍廣大、影響深遠的金融危機，平均下來是每四十多年就要發生一次。

無論社會發展如何朝向現代化發展，經濟增長有多迅速，金融業本身如何通過改革進行一次又一次的自我更新，金融危機似乎都是人類無法逃脫的夢魘，是人類向前邁進的絆腳石。因此，研究金融危機，設計採用何種措施來應對金融危機，自然也就成為金融經濟學的重要課題。

　　20 世紀 80 年代中期，美國經濟學家海曼‧菲利普‧明斯基（Hyman Philip Minsky）對金融內在的脆弱性進行了系統的研究，提出了「金融不穩定假說」（Financial Instability Hypothesis，FIH）。

　　他認為商業銀行的內在特性，使得它必然會經歷週期性危機，這種危機會傳導到整個經濟體，進而引發金融危機。

　　銀行的內在特性就是高負債經營，也就是我們之前講過的「用錢生錢」的那個過程。銀行自有資金通常只占很小一部分，大量資產業務多半是靠負債支撐。而借款人的還債能力、利率因素等都是不穩定因素，多項因素的交叉牽制與影響，銀行隨時可能產生經營

風險。

　　但是，銀行也是經營性企業，為了賺更多的錢，銀行會不斷擴大信貸規模。在經濟發展上升時期，銀行會適當放寬貸款條件，並且隨著貸款條件越來越寬鬆，貸款規模越來越大，投資者們就會越敢冒險，向銀行借出更多貸款，個人的債務規模就會增加。

　　經濟繁榮時期越長，投資者們敢冒的風險就越大，演變直到這個風險到達一個臨界點，投資者們賺取的錢不夠償還債務，銀行只能收回貸款，資產價值崩潰……。而這個崩潰的時刻，一般也被稱作「明斯基時刻」（Minsky Moment）。

　　這時，大家對銀行開始失去信心，存款發生擠兌危機。銀行若沒有足夠的錢來支付所有人的存款，就只能宣告破產。而金融系統是一個內部聯繫非常緊密的體系，銀行破產將會引發一連串的連鎖反應，最終就是爆發全面性的金融危機。

　　至於金融危機其實有不同類型，比如貨幣危機、銀行危機、債務危機和系統性金融危機等。

貨幣危機	貨幣對外大幅貶值，國家為保護本國貨幣，只能動用儲備貨幣。
銀行危機	大規模擠兌導致銀行紛紛破產或瀕臨破產，只能由政府提供援助。
債務危機	由眾多債務人不能按時償還債務所引起的恐慌和危機。
系統性金融危機	削弱市場功能，多種危機同時或相繼發生，造成經濟混亂和社會動盪。

　　金融危機必然引發信貸緊縮，破壞實體經濟，導致經濟下滑，失業率增加，摧毀人民信心，進一步加深金融危機，整個社會將陷入惡性循環。

　　金融內在的風險特性，決定了政府得採取必要措施，進行監管，以免發生金融危機。金融是社會發展

的動力，透過發行和調控貨幣資金，有效配置社會資源，協助技術創新，促進社會快速發展。沒有現代金融的發展，就很難有我們今天便利的現代化生活。

總之，金融因為具備特殊的風險特質，具有週期性的潛在危機，需要國家和政府隨時調控與監督，也需要金融業者自律和自我完善。在世界經濟一體化發展的今天，金融監管勢必要更朝國際化合作才行。

少年遊 015

馬小跳財商課 5：改變世界的金融

作　　者—楊紅櫻
視覺設計—徐思文
主　　編—林憶純
行銷企劃—蔡雨庭

第五編輯部總監—梁芳春
董 事 長—趙政岷
出 版 者—時報文化出版企業股份有限公司
　　　　　108019 台北市和平西路三段 240 號
　　　　　發行專線—（02）2306-6842
　　　　　讀者服務專線— 0800-231-705、（02）2304-7103
　　　　　讀者服務傳真—（02）2304-6858
　　　　　郵撥— 19344724 時報文化出版公司
　　　　　信箱— 10899 臺北華江橋郵局第 99 信箱
時報悅讀網— www.readingtimes.com.tw
電子郵箱— yoho@readingtimes.com.tw
法律顧問—理律法律事務所　陳長文律師、李念祖律師
印　　刷—勁達印刷有限公司
初版一刷— 2023 年 6 月 30 日
定　　價—新台幣 280 元

時報文化出版公司成立於 1975 年，並於 1999 年股票上櫃公開發行，
於 2008 年脫離中時集團非屬旺中，以「尊重智慧與創意的文化事業」為信念。

馬小跳財商課 5：改變世界的金融/楊紅櫻. -- 初版. -- 臺
北市：時報文化出版企業股份有限公司, 2023.06
　　112 面；14.8*21 公分. --（少年遊）
　　ISBN 978-626-353-800-9
　　1.CST: 理財 2.CST: 兒童教育 3.CST: 通俗作品
　　563　　　　　112006224

ISBN 978-626-353-800-9　　　　　　　Printed in Taiwan